추천·감수

정동찬 | 연세대학교 대학원 사학과를 졸업했습니다. 신지식인으로 문화관광부 문화재위원회 문화재 전문위원, 한국박물관학회와 한국과학사학회 이사, 과학기술 앰배서더로 활동하였습니다.

윤용현 | 고려대학교 대학원 문화재학과를 졸업했습니다. 전북도청 문화재분과 조사·심사위원, 한국산업기술사학회 편집위원을 지냈습니다. 현재 국립중앙과학관 학예연구관으로 있습니다.

윤대식 | 충북대학교 대학원 사학과를 졸업하고, 청주 백제유물전시관 학예연구사를 역임하였습니다. 현재 국립중앙과학관 학예연구사로 있습니다.

송명호 | 한국아동문학회 회장, 한국문인협회 상임이사, 국제펜클럽 한국본부 이사를 지냈습니다. 제1회 문화관광부 5월 예술상, 제1회 소년한국문학상, 소천아동문학상, 한국문학상, 대한민국문학상, 국제펜문학상을 받았습니다.

이상배 | 〈월간문학〉 신인상에 동화 '엄마 열목어'가 당선되었고, 대한민국문학상, 한국동화문학상, 한국아동문학상, 김동리문학상, 어린이도서상(기획편집) 등을 받았습니다.

글 양혜원

2000년 '제1회 문학동네 어린이문학상'을 받았습니다. 바다가 가까운 동네에서 즐겁게 어린이 책을 쓰고 있습니다. 쓴 책으로는 〈꼴찌로 태어난 토마토〉, 〈게으른 게 좋아〉, 〈똥보라도 괜찮아〉 등이 있습니다.

그림 박수아

1985년 서울에서 태어났으며 대학에서 동양화를 전공하고 현재는 어린이 그림책을 그리고 있습니다. 그린 책으로는 〈영어 전래 동화-꾀 많은 토끼〉 등이 있습니다.

 **49 전통문화 대장간**

황토는 도깨비방망이!

총기획 및 발행인 박연환 **발행처** 한국톨스토이 **출판등록** 제406-2008-000061호
본사 경기도 성남시 분당구 금곡동 444-148 한국헤르만헤세 빌딩
대표전화 (031)715-8228 **팩스** (031)786-1001 **고객문의** 080-470-7722
편집 백영민, 송정호, 이승희, 윤정민 **디자인** 이성숙, 김란희, 이혜영, 김양희
이미지 제공 경기도박물관, 국립중앙박물관, 고양화장실전시관, 목탄연구소, 세종대왕기념사업회, 옹기민속박물관, 육군박물관, 연합포토, 이종백, 포인스닷컴, 청주고인쇄박물관, 화폐박물관

www.tolstoi-book.co.kr

이 책의 저작권은 **한국톨스토이**에 있습니다. 본사의 동의나 허락 없이는 어떠한 방법으로도 내용이나 그림을 사용할 수 없습니다.
⚠ 주의 : 본 교재를 던지거나 떨어뜨리면 다칠 우려가 있으니 주의하십시오. 고온 다습한 장소나 직사광선이 닿는 장소에는 보관을 피해 주십시오.

〈**전통문화 대장간**〉은 한국일보사가 주최하고 교육과학기술부, 대한출판문화협회에서 후원하여 국내 최고의 교육 제품을 선정하는 **한국교육산업대상**을 받았으며, 세계적인 **이탈리아 볼로냐 국제아동도서전 라가치상**에 출품하여 높은 평가를 받은 우수한 도서입니다.

황토는 도깨비방망이!

글 양혜원 | 그림 박수아

어느 날, 막내가 방망이질 연습을 하고 있었어요.
그때 형들이 옆으로 지나가며 말했어요.
"킥킥, 연습한다고 황토 대신 황금이 쏟아지겠느냐?"
"막내야, 그런 쓸모없는 방망이는 갖다 버리렴."
형들은 비웃으며 숲 속으로 사라졌어요.
"뭐? 내 도깨비방망이를 버리라고?"
막내는 씩씩거리며 마을로 내려왔어요.

쏙쏙 **신토불이**

황토는 민간요법뿐 아니라 한의학에서도 질병 치료에 이용해 왔어요. 설사가 나거나 배 아플 때 황토를 먹었고, 높은 곳에서 떨어져 다쳤거나 어디에 부딪쳐 기절했을 때도 황토를 뜨겁게 달구어 천에 싸서 붙였어요.

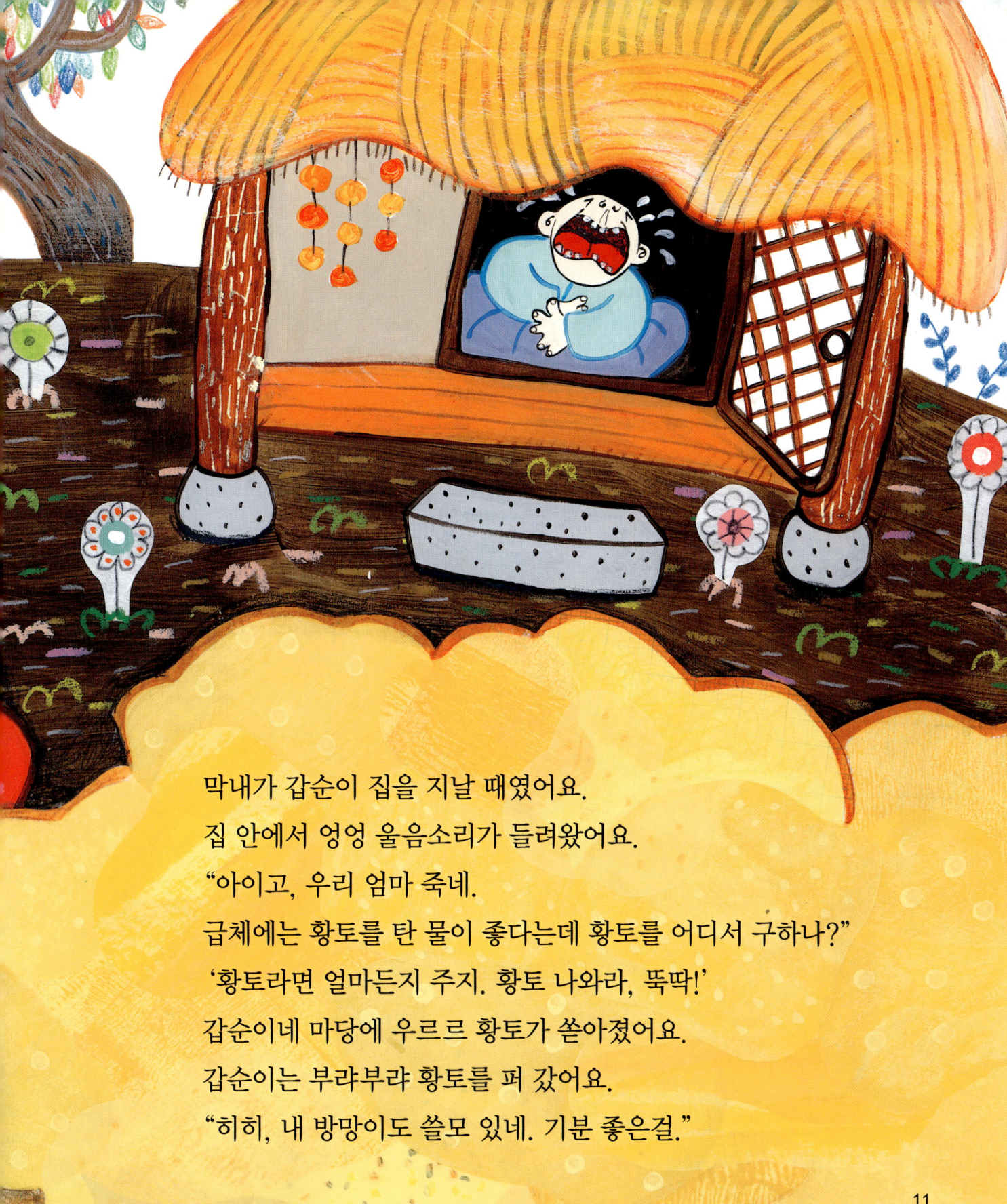

막내가 갑순이 집을 지날 때였어요.
집 안에서 엉엉 울음소리가 들려왔어요.
"아이고, 우리 엄마 죽네.
급체에는 황토를 탄 물이 좋다는데 황토를 어디서 구하나?"
'황토라면 얼마든지 주지. 황토 나와라, 뚝딱!'
갑순이네 마당에 우르르 황토가 쏟아졌어요.
갑순이는 부랴부랴 황토를 퍼 갔어요.
"히히, 내 방망이도 쓸모 있네. 기분 좋은걸."

막내가 싱글벙글 자린고비 영감 집을 지날 때였어요.
"아이고, 저놈의 파리가 내 된장 다 빨아 먹네.
황토를 오동 잎에 싸서 된장 항아리에 넣어 두면
파리도 안 오고 구더기도 안 생길 텐데……."
'황토? 얼마든지 내려 주지. 황토 나와라, 뚝딱!'
막내가 방망이를 휘두르자 황토가 한 무더기 쏟아졌어요.
"어이구, 황토가 어디서 나왔지? 어서 장독에 넣어야지."
자린고비 영감은 부랴부랴 황토를 퍼 갔어요.

"사람 마을에서는 내 방망이가 값어치가 있군."
막내가 휘파람을 불며 강가를 지날 때였어요.
"에이, 황토가 어디 있는 게야? 눈에 통 안 띄네."
"황토가 있어야 고기를 많이 잡는데, 오늘은 틀렸군."
낚시꾼들이 삽을 들고 왔다 갔다 했어요.
'뭐? 황토로 고기를 잡아? 어떻게 잡나 보자.
황토 나와라, 뚝딱!'
모래밭에 황토가 한 무더기 쌓였어요.

"아니, 이게 웬 황토! 용왕님이 내려 주셨나?"
"자네들은 어서 황토를 저 윗물에 풀게.
난 여기서 고기를 건질 테니까."
잠시 뒤, 황토를 풀자 고기들이 몰려왔어요.
"와, 고기들이 떼로 몰려오네!"
낚시꾼들은 고기를 잡아 올리느라 정신없었어요.
"히히, 내 방망이야말로 요술 방망이네."

마을에 소문이 순식간에 퍼졌어요.

"황토를 먹거나 발라서 약으로 쓴다는구먼."

"그뿐인가? 황토로 고기도 잡고 집도 짓는대."

"그런데 황토를 내려 준 이가 도깨비래요."

사람들은 너도나도 막내 도깨비를 만나려고 했어요.

산속에서 형 도깨비들도 이 소문을 들었어요.

"황토가 쓸모없는 줄 알았더니 그게 아닌가 봐."

"우리가 한번 가 볼까?"

그때 막내는 을순이네 집에 있었어요.
을순이네 가족은 돌림고뿔에 걸려 콜록콜록!
"돌림고뿔에는 황토에 똥을 섞어 알약을 만들고
불에 태워 먹으면 좋다고 했지. 황토 나와라, 뚝딱!"
막내 도깨비가 을순이네 마당에 황토를 쏟아 냈어요.

그 모습을 보고 형 도깨비들이 쑥덕댔어요.
"황토에 똥이나 눠서 막내 녀석 골탕 먹이자."
첫째와 둘째는 황토에 똥을 뿌지직 쌌어요.
방에서 나온 을순이가 황토를 보더니 말했지요.
"호호, 똥 섞인 황토잖아!
어서 알약을 만들어 먹어야지."

사람들은 최 서방네 집을 짓느라 바빴어요.
"도깨비 덕분에 황토 집에서 살겠네그려."
"겨울엔 따뜻하고 여름엔 시원하다지?"
"곰팡이 안 피는 황토 집에 살면 건강해진다는군."
형 도깨비들이 이 모습을 보고 심통이 났어요.
"아이고, 배야. 어떻게 막내를 골탕 먹이지?"
그때 사람들이 모두 새참을 먹으러 갔어요.

황토 집은 바람이 잘 통하고 습기도 알맞게 유지해 줘.

"형님, 황토에 물벼락이나 내립시다."
"옳거니, 그러자."
형 도깨비들은 낑낑대며 물을 길어 와
황토 무더기에 쏴아 부었어요.
"히히, 막내 녀석도 이젠 사람들한테 쫓겨날 거야."
그런데 사람들이 돌아오더니 더 기뻐했어요.
"아니, 황토를 이겨 벽을 치려고 했는데
도깨비가 먼저 해 놓았네. 고맙다, 고마워."

아유, 힘들어!

형 도깨비들은 머리끝까지 심술이 났어요.
"괜히 막내 좋은 일만 시켰네."
"형님, 최 서방네 아궁이에 불이나 왕창 땔까요?"
"그래, 사람들이 매운 연기에 눈물 콧물 빼고 나면
막내 녀석이 한 줄 알고 내쫓을 거야."
첫째와 둘째는 황토 집 아궁이에 밤새 불을 땠어요.

최 서방 부부가 아침 일찍 기지개를 쭉 켰어요.
"어이구, 시원하다. 온몸이 날아갈 것 같네."
"황토 집에서 자니 쑤시던 몸이 싹 나았어요."
"도깨비가 불까지 때 주니 더없이 고맙더군."
형 도깨비들이 이 소리를 듣고 벌러덩 나자빠졌어요.

쏙쏙 신토불이

황토에서 발생하는 원적외선은 세포의 생리 작용을 활발히 하고 열에너지를 내어 체온을 높여 줘요. 그래서 혈액 순환을 잘되게 해서 몸의 피로를 풀어 준답니다.

"형님, 아무래도 우리가 막내한테 잘못한 것 같소."
"그렇지? 황토가 이렇게 좋은 줄도 모르고
막내를 무시하고 너무 막 대했어."
그때 막내가 슬그머니 나타났어요.
"형님들, 날 찾고 있었어요?"
"오냐, 네 도깨비방망이가 최고다, 최고!"
도깨비 삼 형제는 어깨동무를 하고
흥얼흥얼 콧노래를 부르며 걸어갔답니다.

형님들이 찾아올 줄 알았지!

괜히 고생만 했네.

진작 사이좋게 지낼걸.

콕콕 우리문화 족집게

신비로운 효력을 가진 황토

황토는 우리나라 산과 들에서 볼 수 있는 누렇고 고운 흙이에요. 미술 시간에 조물조물 빚던 찰흙도 황토로 만들어진 것이랍니다. 그런데 이 황토가 신비한 효력을 가지고 있다고 하네요. 어떤 효력을 가지고 있는지 알아볼까요?

황토를 '살아 숨 쉬는 흙'이라고 해요

황토 한 주먹에는 수억 마리의 미생물이 살고 있어요. 이 미생물들이 활발하게 활동하며 황토를 살아 숨 쉬는 흙으로 만들어 주지요. 그래서 집 안의 공기를 항상 신선하게 해 준답니다. 우리 조상들은 옛날부터 황토로 방바닥을 깔고, 천장을 이고, 벽을 쳐서 황토 집을 만들었어요.

▲ 황토로 만든 집

황토는 질병 예방에 도움을 주어요

황토에는 햇볕에서 나오는 원적외선이 많아요. 원적외선은 우리 몸에 유익한 빛이지요. 원적외선이 우리 몸에 흡수되면, 마사지 효과가 나타나서 피가 잘 돌아요. 그래서 노화 방지, 신진대사 촉진, 만성 피로 회복 등에 좋으며, 여러 가지 병의 예방에 도움을 준답니다.

▲ 황토 온열 치료실

옛날에는 황토로 병을 치료했어요

〈향약집성방〉이나 〈동의보감〉 등에 황토를 이용하여 병을 치료하는 방법이 적혀 있어요. 〈조선왕조실록〉에는 광해군이 황토 방에서 종기를 치료했다는 기록이 있지요. 세종, 세조 임금은 황토의 효능을 백성들에게 잘 알리도록 했으며, 궁궐 안에 황토 방을 만들었다고 해요.

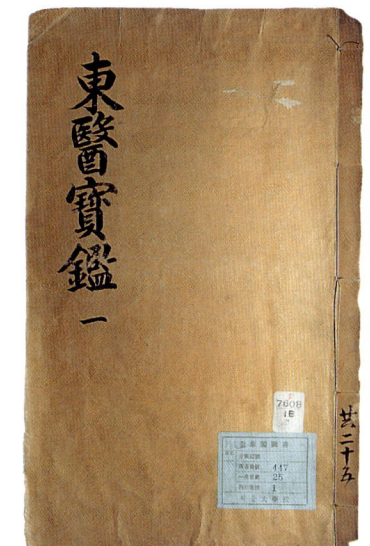

▲ 허준이 쓴 〈동의보감〉

대장간 돋보기

200여 년 동안 보존된 규장각의 책들

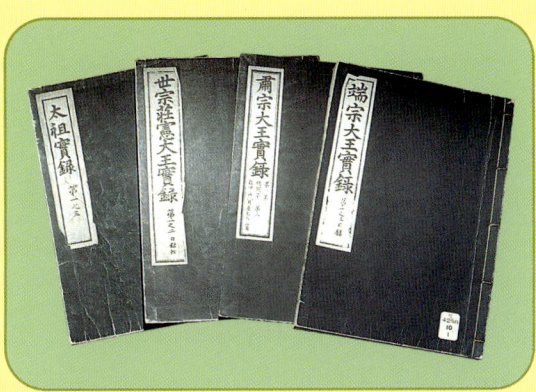

▲ 규장각에 보관된 〈조선왕조실록〉

규장각은 조선 후기 정조 임금이 창경궁에 설치한 왕실 도서관이에요. 현재 서울 대학교로 옮겨져 있으며, 지금까지도 귀중한 연구 자료를 많이 보관하고 있답니다. 규장각의 책들이 잘 보존된 데에는 황토의 기운이 큰 역할을 했대요. 황토는 습도를 조절해 주고 공기가 잘 통하게 하기 때문이지요.

똑똑 교과서 X-파일

황토는 우리 생활에서 어떻게 쓰일까요?

우리나라의 산과 들 어디서나 쉽게 볼 수 있는 황토는 사람에게 굉장히 이롭답니다. 우리 조상은 예로부터 황토를 일상생활에 두루 써 왔지요. 우리 몸에 좋다는 것이 알려지면서 더욱 인기를 끌고 있는 황토, 어떤 곳에 쓰이는지 알아볼까요?

황토는 피부 보습 효과가 있어서 화장품이나 비누 등에 많이 쓰이고 있어.

▲ 황토 화장품

▲ 황토 주택

황토는 온도와 습도를 조절해 주고 공기를 깨끗하게 걸러 주어 집을 짓는 재료로 인기가 많아.

▲ 황토 침구

황토는 마음을 안정시키고 세균의 번식을 막아 주어 침구류에도 쓰여.

황토로 만든 속옷을 입으면 끈적거리지 않고 아토피성 피부염도 예방해 준대.

▲ 황토 속옷과 황토 벽지

▲ 황토로 물들인 옷

황토 옷은 건강에도 좋고, 여름에 시원하며 겨울엔 따뜻해.

▲ 황토 찜질방

▲ 황토 쌀독

황토 찜질방은 우리 몸속의 피를 잘 돌게 해서 피로를 풀어 주지.

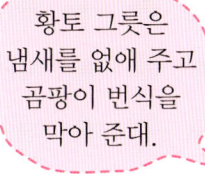
황토 그릇은 냄새를 없애 주고 곰팡이 번식을 막아 준대.

전통문화 대장간 교과 수록 및 연계

권	주제	제목	교과 수록 및 연계
1	우리 문화의 뿌리	널리 인간을 이롭게 하라	초등학교 사회 5학년 2학기(1. 옛사람들의 삶과 문화) / 중학교 역사①(지학사, 대교, I. 문명의 형성과 고조선의 성립) / 중학교 역사①(미래엔, I. 문명의 형성과 고조선의 성립)
2	고인돌	고인돌이 무덤이라고?	초등학교 사회 4학년 1학기(2. 우리가 알아보는 지역의 역사) / 초등학교 사회 5학년 2학기(1. 옛사람들의 삶과 문화) / 중학교 사회 1학년(천재교육, 8. 문화의 이해와 창조) / 중학교 역사①(천재교육, 동아출판, 지학사, 대교, 교학사 I. 문명의 형성과 고조선의 성립)
3	벽화	벽화에서 나온 고구려 무사	초등학교 사회 5학년 2학기(1. 옛사람들의 삶과 문화) / 중학교 역사①(대교, II. 삼국의 성립과 발전, 동아출판, 비상교육, III. 통일 신라와 발해)
4	열두 띠	하늘나라로 달려간 열두 동물들	초등학교 사회 3학년 2학기(2. 시대마다 다른 삶의 모습) / 초등학교 사회 5학년 2학기(1. 옛사람들의 삶과 문화)
5	경주 유적	신라의 수도 경주로 가 볼까?	초등학교 사회 3학년 1학기(2. 우리가 알아보는 고장 이야기) / 초등학교 사회 5학년 2학기(1. 옛사람들의 삶과 문화)
6	서당	멍멍이도 하늘 천 땅 지	초등학교 사회 5학년 2학기(1. 옛사람들의 삶과 문화, 2. 사회의 새로운 변화와 오늘날의 우리) / 중학교 역사①(미래엔, IV. 고려의 성립과 발전, 천재교육, 지학사, 미래엔, VI. 조선의 성립과 발전)
7	문화의 전파	조상님, 왜 일본으로 가셨나요?	초등학교 사회 5학년 2학기(1. 옛사람들의 삶과 문화) / 중학교 역사①(지학사, 대교, 천재교육, 비상교육, 동아출판, II. 삼국의 성립과 발전, 천재교육, 대교, 미래엔, III. 통일 신라와 발해)
8	화폐	돈 나와라, 뚝딱!	초등학교 사회 3학년 2학기(2. 시대마다 다른 삶의 모습) / 중학교 역사①(대교, I. 문명의 형성과 고조선의 성립, 비상교육, 미래엔, 교학사, II. 삼국의 성립과 발전, 동아출판, 지학사, 대교, IV. 고려의 성립과 발전)
9	궁궐	장원 급제한 세자마마	초등학교 사회 3학년 2학기(2. 시대마다 다른 삶의 모습) / 초등학교 사회 5학년 2학기(2. 사회의 새로운 변화와 오늘날의 우리)
10	장인	내 솜씨 한번 볼래?	초등학교 사회 3학년 2학기(2. 시대마다 다른 삶의 모습) / 초등학교 사회 5학년 2학기(1. 옛사람들의 삶과 문화) / 중학교 역사①(미래엔, VI. 조선의 성립과 발전) / 중학교 과학 1학년(지학사, 3. 상태 변화와 에너지)
11	장승	장승아, 마을을 지켜 줘	초등학교 사회 3학년 1학기(2. 우리가 알아보는 고장 이야기) / 중학교 사회 1학년(교학사, VIII. 문화의 이해와 창조) / 중학교 역사①(지학사, 천재교육, 비상교육, I. 문명의 형성과 고조선의 성립)
12	민속 신앙	집 안에 웬 신이 이리 많을까	초등학교 사회 3학년 2학기(2. 시대마다 다른 삶의 모습)
13	설과 추석	떡국 먹고 송편 빚고	초등학교 사회 3학년 2학기(2. 시대마다 다른 삶의 모습)
14	대보름	달아 달아 둥근달아	초등학교 사회 3학년 2학기(2. 시대마다 다른 삶의 모습)
15	단오	향단아, 그네를 밀어라	초등학교 사회 3학년 2학기(2. 시대마다 다른 삶의 모습)
16	탄생	고추 달고 숯 달고	초등학교 사회 3학년 2학기(2. 시대마다 다른 삶의 모습, 3. 가족의 형태와 역할 변화)
17	혼례	연지 찍고 가마 타고	초등학교 사회 3학년 2학기(3. 가족의 형태와 역할 변화) / 중학교 역사①(지학사, 동아출판, V. 고려 사회의 변천)
18	장례	꽃가마 탄 할아버지	초등학교 사회 3학년 1학기(2. 우리가 알아보는 고장 이야기) / 초등학교 사회 3학년 2학기(3. 가족의 형태와 역할 변화)
19	민속놀이	어절씨구 한판 놀아 보세	초등학교 사회 3학년 2학기(2. 시대마다 다른 삶의 모습) / 초등학교 사회 4학년 1학기(2. 우리가 알아보는 지역의 역사) / 중학교 역사①(대교, I. 문명의 형성과 고조선의 성립, 미래엔, II. 삼국의 성립과 발전, 미래엔, 대교, III. 통일 신라와 발해, 비상교육, 대교, 미래엔, V. 고려 사회의 변천)
20	탈춤	덩더꿍덩더꿍 탈춤을 추자	초등학교 사회 3학년 1학기(2. 우리가 알아보는 고장 이야기) / 초등학교 사회 5학년 2학기(2. 사회의 새로운 변화와 오늘날의 우리)
21	북과 종	북돌이와 종칠이의 꿈	초등학교 사회 3학년 1학기(2. 우리가 알아보는 고장 이야기, 3. 교통과 통신 수단의 변화) / 중학교 역사①(천재교육, 대교, III. 통일 신라와 발해)
22	전통 악기	거문고 뜯고 가야금 타고	초등학교 사회 3학년 1학기(2. 우리가 알아보는 고장 이야기) / 중학교 역사①(미래엔, II. 삼국의 성립과 발전)
23	전통 음악	최고의 소리꾼이 되고 싶어	초등학교 사회 4학년 1학기(2. 우리가 알아보는 지역의 역사) / 초등학교 사회 5학년 2학기(1. 옛사람들의 삶과 문화) / 중학교 사회 1학년(교학사, IV. 지역마다 다른 문화, 법문사, VIII. 문화의 이해와 창조)
24	농사	에헤라, 풍년일세!	초등학교 사회 3학년 2학기(1. 환경에 따라 다른 삶의 모습, 2. 시대마다 다른 삶의 모습) / 중학교 사회 1학년(미래엔, IV. 지역마다 다른 문화, 비상교육, VIII. 문화의 이해와 창조) / 중학교 역사①(천재교육, VI. 조선의 성립과 발전)
25	밥상	푸짐한 밥상, 소박한 밥상	초등학교 사회 3학년 2학기(2. 시대마다 다른 삶의 모습)
26	전통 떡	쑥덕쑥덕 떡 잔치가 열렸네	초등학교 사회 3학년 2학기(2. 시대마다 다른 삶의 모습) / 초등학교 사회 5학년 2학기(1. 옛사람들의 삶과 문화) / 중학교 사회 1학년(새롬교육, IV. 지역마다 다른 문화)
27	전통 군음식	이거 한번 먹어 봐	초등학교 사회 3학년 2학기(2. 시대마다 다른 삶의 모습)
28	김치	김치 없이는 못 살아	초등학교 사회 3학년 2학기(2. 시대마다 다른 삶의 모습) / 초등학교 과학 5학년 1학기(5. 다양한 생물과 우리 생활) / 중학교 과학 3학년(지학사, 5. 물질 변화에서의 규칙성) / 중학교 역사①(미래엔, II. 삼국의 성립과 발전) / 중학교 사회 1학년(법문사, 교학사, 대교, 금성, VIII. 문화의 이해와 창조)
29	메주	쿠크 별로 간 된장	초등학교 사회 3학년 2학기(2. 시대마다 다른 삶의 모습) / 초등학교 과학 5학년 1학기(5. 다양한 생물과 우리 생활) / 중학교 과학 1학년(상화, 2. 분자의 운동) / 중학교 사회 1학년(대교, IV. 지역마다 다른 문화)
30	장날	아빠, 장 보러 가요	초등학교 사회 4학년 2학기(2. 필요한 것의 생산과 교환) / 초등학교 사회 5학년 2학기(2. 사회의 새로운 변화와 오늘날의 우리)
31	팔도 음식	전주비빔밥에 안동 식혜	초등학교 사회 3학년 1학기(1. 환경에 따라 다른 삶의 모습, 2. 시대마다 다른 삶의 모습)
32	조선의 명화	앗, 김홍도 할아버지다!	초등학교 사회 5학년 2학기(1. 옛사람들의 삶과 문화, 2. 사회의 새로운 변화와 오늘날의 우리)
33	전통 문양	단청아, 넌 너무 예뻐	초등학교 사회 5학년 2학기(1. 옛사람들의 삶과 문화) / 중학교 역사①(미래엔, II. 삼국의 성립과 발전, 대교, 미래엔, III. 통일 신라와 발해, 대교, IV. 고려의 성립과 발전, 미래엔, V. 고려 사회의 변천)